Pertence a

Queridos leitores,

Louvado seja Jesus Cristo, nossa esperança. Que os nossos corações fervam de amor por Aquele que nos amou primeiro a ponto de dar a sua vida por nós.

Paulo, na primeira carta aos tessalonicenses, depois de nos exortar a querer sempre fazer o bem, nos convida a permanecer sempre na alegria de nosso Senhor, a orar sem cessar e a dar graças em todas as coisas, pois esta é a vontade de Deus para cada um de seus filhos.

Este modesto diário se propõe a ajudar-nos a responder favoravelmente a este desejo de nosso Pai. Assim, durante 52 semanas, todos os dias, poderemos desfrutar do privilégio que temos como filhos de Deus de nos dirigir ao Criador e meditar em sua Palavra.

Frequentemente, um dos obstáculos para esse diálogo com nosso Deus é a sensação de que temos poucos assuntos para orar. Portanto, no início de cada semana, podemos definir 1 tópico de oração em cada tema: o mundo, a Igreja de Cristo, nosso país, nossa cidade, nossa igreja local, nossos colegas de trabalho, nossos vizinhos, nossos amigos, nossa família, nossa própria vida espiritual e nossas preces, como provavelmente estamos acostumados a expressá-las.
Faremos isso com reverência, perseverança e fervor, não deixando de nos calar para ouvir a voz do Rei dos reis.

A Ele seja toda a glória agora e para sempre!

O significado de orar, para os Cristãos

A oração é a respiração do cristão. Não há vida cristã sem oração, e nada de bom pode ser feito sem uma conversa sincera com Deus, que nos revela sua vontade. A oração não consiste em vãs recitações, mas em um momento único de intimidade com nosso Pai, a quem adoramos, louvamos e imploramos, e a quem dirigimos nossas preces para agir de acordo com sua vontade perfeita para com o mundo, nossos contemporâneos e nós mesmos.

A oração do cristão é dirigida a Deus e somente a Deus. É dirigida ao Pai em nome de Jesus Cristo em uma posição de justiça e sob a inspiração do Espírito Santo.

O Senhor nos encoraja a exercer esta oração no lugar secreto, o lugar onde nos encontramos com nosso Pai celestial. Claro, o melhor lugar para encontrá-lo é em nossos corações, mas também é bom ter um lugar físico onde desfrutaremos desses momentos de qualidade com Deus.

O Senhor está aí, batendo à nossa porta e esperando que a abramos. Cada um poderá definir o melhor momento para abri-la e viver esses momentos de oração com Deus, mas antes do amanhecer é sem dúvida um momento particularmente propício para estes momentos de troca com Ele, pois esse horário nos permite colocar todas as atividades do dia nas suas mãos divinas, e momentos de escuta da sua Palavra num ambiente sereno.
No entanto, Paulo também nos exorta a orar sem ces-

sar. Ao fazer isso, nossas vidas serão um sacrifício justo e agradável a Deus, e permaneceremos em uma atitude de comunhão com nosso Senhor para fazer Sua vontade a cada momento de nossos dias.
Ao longo do dia, a oração pode assumir várias formas: silêncio para apenas ouvir a voz de Deus, louvor, adoração, diálogo, etc. Sim, a oração é um diálogo com o nosso Pai que não deve ser complicado ou ritualizado. Da mesma forma que podemos ou já pudemos falar com nossos pais naturais, podemos falar com nosso Pai celestial. Não se trata de recitar fórmulas recorrentes, mas sim de conversar com nosso Pai celestial com nossas palavras simples que vêm ao coração. E, como em todos os diálogos, será uma sucessão de momentos de fala e escuta. É essencial e indispensável ter estes momentos de escuta em que Deus nos responde. É até aconselhável fazer anotações para lembrar mais tarde o que Deus nos há dito durante esses momentos.

Muitas pessoas perguntam por quanto tempo uma oração deve durar. A resposta é que deve durar o tempo de uma conversa com a pessoa que nos ama mais do que qualquer outra pessoa. Em outras palavras, não existe regra.

Enfim, a oração é o meio indispensável para manter nossa intimidade com Deus – para conhecê-lo, amá-lo e ouvir sua voz para que Ele nos comunique sua vontade. Orar é vital para todo cristão! Sem oração não pode haver vida cristã...

A oração fervorosa e eficaz de um homem justo vale muito.
Tiago 5:16b

Notas

Semana de até

Oração para

O mundo :
A Igreja de Jesus Cristo :
Meu país :
Meu bairro :
Minha igreja local :
Minha vida espiritual :
Pare para escutar a voz de Deus por 10 minutos.

Esta semana, quero expressar minha gratidão por:

Meditação

Alegrem-se sempre. Orem continuamente. Deem graças em todas as circunstâncias, pois esta é a vontade de Deus para vocês em Cristo Jesus.
1 Tessalonicenses 5:16-18

Semana de até

Oração para
O mundo :
A Igreja de Jesus Cristo :
Meu país :
Meu bairro :
Minha igreja local :
Minha vida espiritual :
Pare para escutar a voz de Deus por 10 minutos.

Esta semana, quero expressar minha gratidão por:

Meditação

Mas graças a Deus, que nos dá a vitória por meio de nosso Senhor Jesus Cristo.
1 Coríntios 15:57

Semana de até

Oração para
O mundo :
A Igreja de Jesus Cristo :
Meu país :
Meu bairro :
Minha igreja local :
Minha vida espiritual :
Pare para escutar a voz de Deus por 10 minutos.

Esta semana, quero expressar minha gratidão por:

Meditação

"Rendam graças ao Senhor, pois ele é bom;
o seu amor dura para sempre.
1 Crônicas 16:34

Semana de até

Oração para

O mundo :
A Igreja de Jesus Cristo :
Meu país :
Meu bairro :
Minha igreja local :
Minha vida espiritual :
Pare para escutar a voz de Deus por 10 minutos.

Esta semana, quero expressar minha gratidão por:

Meditação

Pois dele, por ele e para ele são todas as coisas. A ele seja a glória para sempre! Amém.
Romanos 11:36

Semana de até

Oração para

O mundo :
A Igreja de Jesus Cristo :
Meu país :
Meu bairro :
Minha igreja local :
Minha vida espiritual :
Pare para escutar a voz de Deus por 10 minutos.

Esta semana, quero expressar minha gratidão por:

Meditação

Em ti quero alegrar-me e exultar,
e cantar louvores ao teu nome, ó Altíssimo.
Salmos 9:2

Semana de até

Oração para

Oração para
O mundo :
A Igreja de Jesus Cristo :
Meu país :
Meu bairro :
Minha igreja local :
Minha vida espiritual :
Pare para escutar a voz de Deus por 10 minutos.

Esta semana, quero expressar minha gratidão por:

Meditação

Tudo o que fizerem, seja em palavra seja em ação, façam-no em nome do Senhor Jesus, dando por meio dele graças a Deus Pai.
Colossenses 3:17

Semana de até

Oração para

O mundo :
A Igreja de Jesus Cristo :
Meu país :
Meu bairro :
Minha igreja local :
Minha vida espiritual :
Pare para escutar a voz de Deus por 10 minutos.

Esta semana, quero expressar minha gratidão por:

Meditação

Que a paz de Cristo seja o juiz em seu coração, visto que vocês foram chamados para viver em paz, como membros de um só corpo. E sejam agradecidos.
Colossenses 3:15

Semana de até

Oração para

O mundo :
A Igreja de Jesus Cristo :
Meu país :
Meu bairro :
Minha igreja local :
Minha vida espiritual :
Pare para escutar a voz de Deus por 10 minutos.

Esta semana, quero expressar minha gratidão por:

Meditação

Dediquem-se à oração, estejam alerta e sejam agradecidos.
Colossenses 4:2

Semana de até

Oração para

O mundo :
A Igreja de Jesus Cristo :
Meu país :
Meu bairro :
Minha igreja local :
Minha vida espiritual :
Pare para escutar a voz de Deus por 10 minutos.

Esta semana, quero expressar minha gratidão por:

Meditação

Mas eu, com um cântico de gratidão, oferecerei sacrifício a ti.
Jonas 2:9

Semana de até

Oração para

O mundo :
A Igreja de Jesus Cristo :
Meu país :
Meu bairro :
Minha igreja local :
Minha vida espiritual :
Pare para escutar a voz de Deus por 10 minutos.

Esta semana, quero expressar minha gratidão por:

Meditação

Tomando o pão, deu graças, partiu-o e o deu aos discípulos, dizendo: "Isto é o meu corpo dado em favor de vocês; façam isto em memória de mim".
Lucas 22:19

Semana de até

Oração para

O mundo :
A Igreja de Jesus Cristo :
Meu país :
Meu bairro :
Minha igreja local :
Minha vida espiritual :
Pare para escutar a voz de Deus por 10 minutos.

Esta semana, quero expressar minha gratidão por:

Meditação

reconheça o Senhor em todos os seus caminhos, e ele endireitará as suas veredas.
Provérbios 3:6

Semana de até

Oração para

O mundo :
A Igreja de Jesus Cristo :
Meu país :
Meu bairro :
Minha igreja local :
Minha vida espiritual :
Pare para escutar a voz de Deus por 10 minutos.

Esta semana, quero expressar minha gratidão por:

Meditação

Não andem ansiosos por coisa alguma, mas em tudo, pela oração e súplicas, e com ação de graças, apresentem seus pedidos a Deus.
Filipenses 4:6

Semana de até

Oração para

O mundo :
A Igreja de Jesus Cristo :
Meu país :
Meu bairro :
Minha igreja local :
Minha vida espiritual :
Pare para escutar a voz de Deus por 10 minutos.

Esta semana, quero expressar minha gratidão por:

Meditação

Louvarei o nome de Deus com cânticos
e proclamarei sua grandeza com ações de graças;
Salmos 69:30

Semana de até

Oração para

O mundo :
A Igreja de Jesus Cristo :
Meu país :
Meu bairro :
Minha igreja local :
Minha vida espiritual :
Pare para escutar a voz de Deus por 10 minutos.

Esta semana, quero expressar minha gratidão por:

Meditação

Entrem por suas portas com ações de graças
e em seus átrios com louvor;
deem-lhe graças e bendigam o seu nome.
Salmos 100:4

Semana de até

Oração para

O mundo :
A Igreja de Jesus Cristo :
Meu país :
Meu bairro :
Minha igreja local :
Minha vida espiritual :
Pare para escutar a voz de Deus por 10 minutos.

Esta semana, quero expressar minha gratidão por:

Meditação

"Ofereça a Deus em sacrifício a sua gratidão, cumpra os seus votos para com o Altíssimo,
Salmos 50:14

Semana de até

Oração para

O mundo :
A Igreja de Jesus Cristo :
Meu país :
Meu bairro :
Minha igreja local :
Minha vida espiritual :
Pare para escutar a voz de Deus por 10 minutos.

Esta semana, quero expressar minha gratidão por:

Meditação

Vamos à presença dele com ações de graças; vamos aclamá-lo com cânticos de louvor.
Salmos 95:2

Semana de até

Oração para

O mundo :
A Igreja de Jesus Cristo :
Meu país :
Meu bairro :
Minha igreja local :
Minha vida espiritual :
Pare para escutar a voz de Deus por 10 minutos.

Esta semana, quero expressar minha gratidão por:

Meditação

Cantem ao Senhor com ações de graças;
ao som da harpa façam música para o nosso Deus.
Salmos 147:7

Semana de até

Oração para

O mundo :
A Igreja de Jesus Cristo :
Meu país :
Meu bairro :
Minha igreja local :
Minha vida espiritual :
Pare para escutar a voz de Deus por 10 minutos.

Esta semana, quero expressar minha gratidão por:

Meditação

Deles virão ações de graça e o som de regozijo.
Eu os farei aumentar e eles não diminuirão;
eu os honrarei e eles não serão desprezados.
Jeremias 30:19

Semana de até

Oração para

O mundo :
A Igreja de Jesus Cristo :
Meu país :
Meu bairro :
Minha igreja local :
Minha vida espiritual :
Pare para escutar a voz de Deus por 10 minutos.

Esta semana, quero expressar minha gratidão por:

Meditação

Antes de tudo, recomendo que se façam súplicas, orações, intercessões e ações de graças por todos os homens;
1 Timóteo 2:1

Semana de até

Oração para

O mundo :
A Igreja de Jesus Cristo :
Meu país :
Meu bairro :
Minha igreja local :
Minha vida espiritual :
Pare para escutar a voz de Deus por 10 minutos.

Esta semana, quero expressar minha gratidão por:

Meditação

Não haja obscenidade, nem conversas tolas, nem gracejos imorais, que são inconvenientes, mas, ao invés disso, ações de graças.
Efésios 5:4

Semana de até

Oração para

O mundo :
A Igreja de Jesus Cristo :
Meu país :
Meu bairro :
Minha igreja local :
Minha vida espiritual :
Pare para escutar a voz de Deus por 10 minutos.

Esta semana, quero expressar minha gratidão por:

Meditação

Senhor, Deus dos céus, Deus grande e temível, fiel à aliança e misericordioso com os que te amam e obedecem aos teus mandamentos,
Neemias 1:5

Semana de até

Oração para

O mundo :
A Igreja de Jesus Cristo :
Meu país :
Meu bairro :
Minha igreja local :
Minha vida espiritual :
Pare para escutar a voz de Deus por 10 minutos.

Esta semana, quero expressar minha gratidão por:

Meditação

Mas graças a Deus, que nos dá a vitória por meio de nosso Senhor Jesus Cristo.
1 Coríntios 15:57

Semana de até

Oração para

O mundo :
A Igreja de Jesus Cristo :
Meu país :
Meu bairro :
Minha igreja local :
Minha vida espiritual :
Pare para escutar a voz de Deus por 10 minutos.

Esta semana, quero expressar minha gratidão por:

Meditação

Então ele disse: "Jesus, lembra-te de mim quando entrares no teu Reino"
Lucas 23:42

Semana de até

Oração para

O mundo :
A Igreja de Jesus Cristo :
Meu país :
Meu bairro :
Minha igreja local :
Minha vida espiritual :
Pare para escutar a voz de Deus por 10 minutos.

Esta semana, quero expressar minha gratidão por:

Meditação

Mas graças a Deus, que sempre nos conduz vitoriosamente em Cristo e por nosso intermédio exala em todo lugar a fragrância do seu conhecimento;

2 Coríntios 2:14

Semana de até

Oração para

O mundo :
A Igreja de Jesus Cristo :
Meu país :
Meu bairro :
Minha igreja local :
Minha vida espiritual :
Pare para escutar a voz de Deus por 10 minutos.

Esta semana, quero expressar minha gratidão por:

Meditação

Tudo isso é para o bem de vocês, para que a graça, que está alcançando um número cada vez maior de pessoas, faça que transbordem as ações de graças para a glória de Deus.
2 Coríntios 4:15

Semana de até

Oração para

O mundo :
A Igreja de Jesus Cristo :
Meu país :
Meu bairro :
Minha igreja local :
Minha vida espiritual :
Pare para escutar a voz de Deus por 10 minutos.

Esta semana, quero expressar minha gratidão por:

Meditação

Graças a Deus por seu dom indescritível!
2 Coríntios 9:15

Semana de até

Oração para

O mundo :
A Igreja de Jesus Cristo :
Meu país :
Meu bairro :
Minha igreja local :
Minha vida espiritual :
Pare para escutar a voz de Deus por 10 minutos.

Esta semana, quero expressar minha gratidão por:

Meditação

dando graças ao Pai, que nos tornou dignos de participar da herança dos santos no reino da luz.
Colossenses 1:12

Semana de até

Oração para

O mundo :
A Igreja de Jesus Cristo :
Meu país :
Meu bairro :
Minha igreja local :
Minha vida espiritual :
Pare para escutar a voz de Deus por 10 minutos.

Esta semana, quero expressar minha gratidão por:

Meditação

Portanto, assim como vocês receberam Cristo Jesus, o Senhor, continuem a viver nele, enraizados e edificados nele, firmados na fé, como foram ensinados, transbordando de gratidão.
Colossenses 2:6-7

Semana de até

Oração para

O mundo :
A Igreja de Jesus Cristo :
Meu país :
Meu bairro :
Minha igreja local :
Minha vida espiritual :
Pare para escutar a voz de Deus por 10 minutos.

Esta semana, quero expressar minha gratidão por:

Meditação

Vocês foram libertados do pecado e tornaram-se escravos da justiça.

Romanos 6:18

Semana de até

Oração para

O mundo :
A Igreja de Jesus Cristo :
Meu país :
Meu bairro :
Minha igreja local :
Minha vida espiritual :
Pare para escutar a voz de Deus por 10 minutos.

Esta semana, quero expressar minha gratidão por:

Meditação

Tomando os cinco pães e os dois peixes e, olhando para o céu, deu graças e os partiu. Em seguida, entregou-os aos discípulos para que os servissem ao povo.
Lucas 9:16

Semana de até

Oração para

O mundo :
A Igreja de Jesus Cristo :
Meu país :
Meu bairro :
Minha igreja local :
Minha vida espiritual :
Pare para escutar a voz de Deus por 10 minutos.

Esta semana, quero expressar minha gratidão por:

Meditação

e, tendo dado graças, partiu-o e disse: “Isto é o meu corpo, que é dado em favor de vocês; façam isto em memória de mim”.
1 Coríntios 11:24

Semana de até

Oração para

O mundo :
A Igreja de Jesus Cristo :
Meu país :
Meu bairro :
Minha igreja local :
Minha vida espiritual :
Pare para escutar a voz de Deus por 10 minutos.

Esta semana, quero expressar minha gratidão por:

Meditação

Os irmãos dali tinham ouvido falar que estávamos chegando e vieram até a praça de Ápio e às Três Vendas para nos encontrar. Vendo-os, Paulo deu graças a Deus e sentiu-se encorajado.

Atos 28:15

Semana de até

Oração para

O mundo :
A Igreja de Jesus Cristo :
Meu país :
Meu bairro :
Minha igreja local :
Minha vida espiritual :
Pare para escutar a voz de Deus por 10 minutos.

Esta semana, quero expressar minha gratidão por:

Meditação

não deixo de dar graças por vocês, mencionando-os em minhas orações.
Efésios 1:16

Semana de até

Oração para

O mundo :
A Igreja de Jesus Cristo :
Meu país :
Meu bairro :
Minha igreja local :
Minha vida espiritual :
Pare para escutar a voz de Deus por 10 minutos.

Esta semana, quero expressar minha gratidão por:

Meditação

Dou graças a Cristo Jesus, nosso Senhor, que me deu forças e me considerou fiel, designando-me para o ministério,
1 Timóteo 1:12

Semana de até

Oração para

O mundo :
A Igreja de Jesus Cristo :
Meu país :
Meu bairro :
Minha igreja local :
Minha vida espiritual :
Pare para escutar a voz de Deus por 10 minutos.

Esta semana, quero expressar minha gratidão por:

Meditação

dizendo:"Amém! Louvor e glória, sabedoria, ação de graças, honra, poder e força sejam ao nosso Deus para todo o sempre.
Amém!"
Apocalipse 7:12

Semana de até

Oração para

O mundo :
A Igreja de Jesus Cristo :
Meu país :
Meu bairro :
Minha igreja local :
Minha vida espiritual :
Pare para escutar a voz de Deus por 10 minutos.

Esta semana, quero expressar minha gratidão por:

Meditação

dizendo:
“Graças te damos, Senhor Deus todo-poderoso, que és e que eras, porque assumiste o teu grande poder e começaste a reinar.
Apocalipse 11:17

Semana de até

Oração para

O mundo :
A Igreja de Jesus Cristo :
Meu país :
Meu bairro :
Minha igreja local :
Minha vida espiritual :
Pare para escutar a voz de Deus por 10 minutos.

Esta semana, quero expressar minha gratidão por:

Meditação

cheios do fruto da justiça, fruto que vem por meio de Jesus Cristo, para glória e louvor de Deus.
Filipenses 1:11

Semana de até

Oração para

O mundo :
A Igreja de Jesus Cristo :
Meu país :
Meu bairro :
Minha igreja local :
Minha vida espiritual :
Pare para escutar a voz de Deus por 10 minutos.

Esta semana, quero expressar minha gratidão por:

Meditação

Bendito sejas, Senhor!
Ensina-me os teus decretos.
Salmos 119:12

Semana de até

Oração para

O mundo :
A Igreja de Jesus Cristo :
Meu país :
Meu bairro :
Minha igreja local :
Minha vida espiritual :
Pare para escutar a voz de Deus por 10 minutos.

Esta semana, quero expressar minha gratidão por:

Meditação

não escondas de mim os teus mandamentos.
Salmos 119:19b

Semana de até

Oração para

O mundo :
A Igreja de Jesus Cristo :
Meu país :
Meu bairro :
Minha igreja local :
Minha vida espiritual :
Pare para escutar a voz de Deus por 10 minutos.

Esta semana, quero expressar minha gratidão por:

Meditação

Faze-me discernir o propósito dos teus preceitos; então meditarei nas tuas maravilhas.
Salmos 119:27

Semana de até

Oração para

O mundo :
A Igreja de Jesus Cristo :
Meu país :
Meu bairro :
Minha igreja local :
Minha vida espiritual :
Pare para escutar a voz de Deus por 10 minutos.

Esta semana, quero expressar minha gratidão por:

Meditação

Inclina o meu coração para os teus estatutos,
e não para a ganância.
Salmos 119:36

Semana de até

Oração para

O mundo :
A Igreja de Jesus Cristo :
Meu país :
Meu bairro :
Minha igreja local :
Minha vida espiritual :
Pare para escutar a voz de Deus por 10 minutos.

Esta semana, quero expressar minha gratidão por:

Meditação

Preserva a minha vida pelo teu amor,
e obedecerei aos estatutos que decretaste.
Salmos 119:88

Semana de até

Oração para

O mundo :
A Igreja de Jesus Cristo :
Meu país :
Meu bairro :
Minha igreja local :
Minha vida espiritual :
Pare para escutar a voz de Deus por 10 minutos.

Esta semana, quero expressar minha gratidão por:

Meditação

Dirige os meus passos, conforme a tua palavra; não permitas que nenhum pecado me domine.
Salmos 119:133

Semana de até

Oração para

O mundo :
A Igreja de Jesus Cristo :
Meu país :
Meu bairro :
Minha igreja local :
Minha vida espiritual :
Pare para escutar a voz de Deus por 10 minutos.

Esta semana, quero expressar minha gratidão por:

Meditação

Andei vagando como ovelha perdida;
vem em busca do teu servo,
pois não me esqueci dos teus mandamentos.
Salmos 119:176

Semana de até

Oração para

O mundo :
A Igreja de Jesus Cristo :
Meu país :
Meu bairro :
Minha igreja local :
Minha vida espiritual :
Pare para escutar a voz de Deus por 10 minutos.

Esta semana, quero expressar minha gratidão por:

Meditação

A oração feita com fé curará o doente; o Senhor o levantará. E, se houver cometido pecados, ele será perdoado.

Tiago 5:15

Semana de até

Oração para

O mundo :
A Igreja de Jesus Cristo :
Meu país :
Meu bairro :
Minha igreja local :
Minha vida espiritual :
Pare para escutar a voz de Deus por 10 minutos.

Esta semana, quero expressar minha gratidão por:

Meditação

Todos eles se reuniam sempre em oração, com as mulheres, inclusive Maria, a mãe de Jesus, e com os irmãos dele.

Atos 1:14

Semana de até

Oração para

O mundo :
A Igreja de Jesus Cristo :
Meu país :
Meu bairro :
Minha igreja local :
Minha vida espiritual :
Pare para escutar a voz de Deus por 10 minutos.

Esta semana, quero expressar minha gratidão por:

Meditação

Pois, se oro em uma língua, meu espírito ora, mas a minha mente fica infrutífera.

1 Coríntios 14:14

Semana de até

Oração para

O mundo :
A Igreja de Jesus Cristo :
Meu país :
Meu bairro :
Minha igreja local :
Minha vida espiritual :
Pare para escutar a voz de Deus por 10 minutos.

Esta semana, quero expressar minha gratidão por:

Meditação

Orem no Espírito em todas as ocasiões, com toda oração e súplica; tendo isso em mente, estejam atentos e perseverem na oração por todos os santos.
Efésios 6:18

Semana de até

Oração para

O mundo :
A Igreja de Jesus Cristo :
Meu país :
Meu bairro :
Minha igreja local :
Minha vida espiritual :
Pare para escutar a voz de Deus por 10 minutos.

Esta semana, quero expressar minha gratidão por:

Meditação

Da mesma forma o Espírito nos ajuda em nossa fraqueza, pois não sabemos como orar, mas o próprio Espírito intercede por nós com gemidos inexprimíveis.
Romanos 8:26

Semana de até

Oração para

O mundo :
A Igreja de Jesus Cristo :
Meu país :
Meu bairro :
Minha igreja local :
Minha vida espiritual :
Pare para escutar a voz de Deus por 10 minutos.

Esta semana, quero expressar minha gratidão por:

Meditação

Indo um pouco mais adiante, prostrou-se com o rosto em terra e orou: “Meu Pai, se for possível, afasta de mim este cálice; contudo, não seja como eu quero, mas sim como tu queres”.
Mateus 26:39

Semana de até

Oração para

O mundo :
A Igreja de Jesus Cristo :
Meu país :
Meu bairro :
Minha igreja local :
Minha vida espiritual :
Pare para escutar a voz de Deus por 10 minutos.

Esta semana, quero expressar minha gratidão por:

Meditação

O Senhor Deus é sol e escudo;
o Senhor concede favor e honra;
não recusa nenhum bem
aos que vivem com integridade.
Salmos 84:11

Queridas irmãs, queridos irmãos em Cristo,

Estamos chegando ao fim desta jornada por meio deste periódico, e acreditamos que este ano de orações e meditações fez muito bem a você.
Oramos para que você mantenha o hábito diário de orar e meditar aos pés do Senhor Jesus Cristo.
Seja encorajado e fortalecido pelo Espírito Santo, que nos capacita a resistir às concupiscências e distrações diárias.

Que a paz de Deus, que excede todo o entendimento, esteja com você agora e para sempre.

Ao nosso Pai celestial seja toda a glória. Amém.

Notas

Printed in Great Britain
by Amazon

42500634R00066

ISBN 9798718448009
9 798718 448009
90000